KB239531

저자: 윤준식

"40가지 직업을 경험한 후 소설가가 되겠다"는 대책 없는 소년이었다. 말이 씨가 되었는지, 여러 직종의 창업과 취업을 전전하는 인연과 운명에 휩쓸렸다.

90년대 말 한창이었던 벤처붐에 꽃 같은 청춘을 바친 결과, 27살 한겨울에 이등병으로 입대해 전역하니 30살 봄. 그후로 강산이 변하는 동안 실패의 횟수를 늘려 나가며 어떤 실패에도 굴하지 않는 삶의 자세를 체득했다.

이런 경험으로 200편이 넘는 창업칼럼을 모 주간신문에 연재한 것이 바탕이 되어, 2016년 『망하지 않는 창업』의 저자가 되었다. 이후 10여 권의 매거진과 책을 만드는 일에 끌려가 쓰고, 찍고, 펴냈다.

인터넷신문 「시사N라이프」와 독립잡지 「매거진S」의 편집장이며, 독립출판을 위해 도서출판 「딥인사이트」도 운영중이다. 지금까지 10종 넘는 작은 책을 펴냈으며, 강의와 방송활동도 하고 있다. 이 책은 인공지능을 보조작가로 활용해 저술과 창작을 효율화하는 실험을 한다는 명분과 이를 통해 국민저자시대에 걸맞는 필진을 양성하겠다는 의지로 만들었다. "너! 내 필진이 되라!"

을사년 480년의 기록

여덟 번의 을사년은
우리에게 무엇을 보여주었나?

Deep
Insight

을사년 480년의 기록

여덟 번의 을사년은 우리에게 무엇을 보여주었나?

발행일 | 2025년 05월 27일

글쓴이 | 윤준식

표지디자인 | 김예진_디자인스튜디오 영원

펴낸이 | 윤준식

펴낸곳 | 도서출판 딥인사이트

출판신고 | 제2021-59호

주　소 | 서울특별시 성동구 아차산로 113 삼진빌딩 8125호

전　화 | 010-4077-7286

이메일 | news@sisa-n.com

ISBN | 979-11-982914-2-4 (02800)

CONTENT

여덟 번의

을사년이 말하는 것_프롤로그

인류는 시간을 이해하고 측정하기 위해 다양한 체계를 발전시켜 왔습니다. 고대 메소포타미아의 60진법, 마야 문명의 장주기 달력, 이집트의 태양력 등 여러 문명들은 저마다의 방식으로 시간을 해석하고 기록했습니다. 그중에서도 동아시아의 육십갑자는 정교하고 체계적인 시간 측정 방식 중 하나로 평가받고 있습니다.

육십갑자의 구조와 원리

동아시아의 시간관은 순환적 특성을 가집니다. 해가 뜨고 지는 것, 계절이 바뀌는 것, 별들이 움직이는 것과 같은 자연의 순환을 기반으로 시간을 이해했습니다. 이러한 관점은 역사를 바라보는 시각에도 영향을 미치는데, 역사적 사건들이 일정한 패턴을 가지고 반복된다고 보는 순환사관으로 이어졌습니다.

역사적으로 육십갑자의 기원은 매우 오래되었습니다. 중국 은나라_BC 1600년~BC 1000년경 시기의 갑골문에서 이미 천간과 지지의 사용이 확인되었고, 한나라_BC 200년~AD 200년 경 때에 이르러 현재와 같은 형태의 육십갑자 체계가 완성되었다고 전해집니다. 그런데 육십갑자가 중요한 이유는 단순한 시간 측정을 넘어 음양오행_陰陽五行_과 같은 우주의 운행 원리를 담아낸 철학적 체계를 이루었기 때문입니다.

육십갑자는 천간_天干_과 지지_地支_의 조합으로 이루어집니다. 천간은 갑_甲_, 을_乙_, 병_丙_, 정_丁_, 무_戊_, 기_己_, 경_庚_, 신_辛_, 임_壬_, 계_癸_의 열 개 글자로, 하늘의 기운을 상징합니다. 지지는 자_子_, 축_丑_, 인_寅_, 묘_卯_, 진_辰_, 사_巳_, 오_午_, 미_未_, 신_申_, 유_酉_, 술_戌_, 해_亥_의 열두 글자로, 땅의 기운을 나타냅니다.

음양오행으로 보는 을사년

을사년_乙巳年_에서 을_乙_은 천간의 둘째 자리로, 오행으로는 목_木_, 음양_陰陽_으로는 음_陰_에 해당합니다. 또, 을乙이라는 글자는 땅에서 싹이 돋아나는 모습을 형상화한 것으로, 생명력과 성장의 기운을 상징합니다. 사巳는 지지의 여섯 번째로, 화火의 음陰에 해당하며 뱀을 상징합니다.

오행五行에서 이 두 글자 목木과 화火의 관계를 살펴보면 목木은 화火를 살리는 상생相生 관계입니다. 나무木가 불火을 지필 수 있듯이, 을사년은 변화와 전환의 가능성을 내포하고 있는 해로 해석할 수 있습니다. 앞으로 살펴볼 480년 동안 여덟 번 반복된 을사년도 중요한 역사적 전환점이 되었습니다.

동서양 문화에서의 뱀의 상징성

동아시아 문화에서 뱀은 복합적인 상징성을 지닌 존재입니다. 중국의 4대 민간전설 중 하나인 『백사전』에 등장하는 뱀은 지혜와 불멸을 상징하는 존재로 그려졌고, 한국의 민간신앙에서도 집을 지키고 좋은 기운을 불러오는 보호자로서 또 다른 한편으로는 생명의 순환을 이루면서 자연과 인간의 관계를 이어주는 존재로, 집의 수호신인 성주신으로 여겨지기도 했습니다. 조선시대의 문헌 『동국세시기』에는 뱀을 함부로 해치면 안 된다는 기록이 남아있을 정도로, 뱀은 경외의 대상이 되기도 했습니다.

뱀은 신중함과 지혜로움이 특징이라고 여겨집니다. 또한 창의적이고 직관적인 성향과 함께 인내력과 끈기를 상징하기도 합니다. 이는 뱀이 먹이를 사냥할 때 보여주는 행동 특성에서 비롯된 것으로, 이러한 특성들이 뱀띠해의 특징으로 인식해 왔습니다.

서양 문화에 등장하는 뱀의 상징성은 양면적입니다. 구약성경의 창세기에서 뱀은 인류를 타락시킨 존재로 등장하지만, 고대 그리스에서는 의술의 신 아스클레피오스의 상징이었습니다. 특히 자신의 꼬리를 물고 있는 우로보로스의 형상은 영원과 순환의 상징으로, 동양의 순환적 시간관과 맥을 같이합니다.

'을씨년스럽다'의 어원

표준국어대사전에 따르면 '을씨년스럽다'는 "날씨나 분위기가 몹시 스산하고 쓸쓸한 데가 있다" 또는 "살림이 매우 가난한 데가 있다"고 설명하고 있습니다. 많은 사람들이 1905년 을사늑약을 계기로 생겨난 말로 알려졌지만, 실제로는 그보다 훨씬 이전부터 사용되었습니다. 이는 을사늑약 이전의 문헌을 통해 확인됩니다.

1897년 미국인 선교사 제임스 게일이 『한영자전_A Korean-English Dictionary』을 펴냈는데, 여기에는 '을사'를 '기근이 난 해_1785'라고 설명하면서 "지금은 가난과 고통 등을 뜻하는 표현"으로 풀이하고 있습니다. 또한 1825년 충북 괴산의 실학자

조재삼이 집필한 백과사전인 『송남잡지』에는 "세속에서는 을사년을 흉하게 여겨서 두려워한다. 지금은 어떤 낙도 없는 것을 일러 을사년이라고 한다"고 기록하고 있습니다.

따라서 이 표현의 시작은 정조 때인 1785년 을사년에 겪었던 심각한 기근으로 추정하고 있습니다. 당시 기록에 "기근이 거듭 들고 지진이 일어나 창고가 텅텅 비었다"고 되어 있으며, 이 시기의 극심한 가난과 고통이 '을씨년스럽다'는 표현의 기원이 된 것으로 보입니다.

여덟 번의 을사년이 가진 역사적 의미

앞으로 살펴볼 1545년부터 1965년까지 여덟 번의 을사년은 우리나라 뿐만 아니라 세계 역사의 중요한 전환점이 되기도 했습니다. 1545년 벌어진 을사사화와 이순신 장군의 탄생, 1605년 세르반테스의 『돈키호테』 출간과 셰익스피어의 『한여

름밤의 꿈』 상연, 1725년 조선 후기를 중흥시킨 군주 영조의 즉위, 1785년 미국의 달러화 채택, 1845년 산업혁명기의 새로운 발명들, 1905년의 을사늑약, 1965년의 한일기본조약 등 각각의 을사년은 큰 변화나 위기의 순간이었습니다.

이는 을사년이 가진 음양오행의 특성, '목-화木 火의 상생 관계'가 만들어 내는 변화의 기운과 무관하지 않아 보입니다. 물론 몇 가지 단서로 연출한 우연의 일치라 할 수도 있지만, 적어도 동아시아의 전통적 세계관을 반영한 의미있는 해석이라 생각합니다.

또한 이 소책자는 저자의 인공지능을 활용한 실험적 저술 프로젝트 중 하나로, 본문을 구성하고 있는 내용들은 웹과 유튜브의 방대한 자료들을 바탕으로 해 일정 수준의 팩트체크를 통해 완성되었습니다.

1545년:

을사사화의 비극과
이순신 탄생이 불러온 희망

16세기 조선의 정치는 훈구세력과 사림세력이라는 두 축을 중심으로 전개되었습니다. 훈구세력은 조선 건국 초기부터 중앙 정계를 장악해 온 기득권 세력이었습니다. 이들은 대체로 한양에 거주하며 현실정치와 부국강병을 중시했고, 왕권을 등에 업고 권력을 유지했습니다.

반면 사림세력은 지방의 향촌을 기반으로 성장한 새로운 정치세력이었습니다. 이들은 성리학적 도덕 정치를 강조하며 훈구세력의 권력독점을 비판했습니다.

훈구와 사림의 대립 구도는 연산군 시기부터 본격화되어 중종 대에 이르러 극에 달했습니다. 특히 중종 때 일어난 조광조의 개혁과 기묘사화는 이들의 갈등이 얼마나 첨예했는지를 보여주는 상징적 사건이었습니다. 기묘사화로 사림세력은 일시적으로 위축되었으나, 점차 그 영향력을 회복해 갔습니다.

대윤과 소윤의 정치적 대립

1545년 을사사화 乙巳士禍 는 표면적으로는 윤임 일파와 윤원형 일파의 대립으로 나타났습니다. 중종의 두 계비는 모두 파평 윤씨 가문이었는데, 제1계비 장경왕후의 오빠 윤임과 제2계비 문정왕후의 아우 윤원형이 서로 대립하고 있었습니다. 세간에서는 이들을 각각 대윤 大尹 과 소윤 小尹 이라 불렀습니다.

개인과 가문의 반목을 넘어선 대립이 삽시간에 정치세력간의 정쟁이 되었습니다. 윤임은 사림 세력과 연대하여 도덕정치를 표방했고, 윤원형은 훈구 세력의 기득권을 대변했습니다. 1544년 중종이 승하하고 인종이 즉위하자, 윤임은 이언적, 유관, 성세창 등 사림의 주요 인물들을 대거 등용했습니다. 사림 세력은 오랜 정치적 시련을 벗어나 마침내 그들의 이상을 실현할 기회를 잡은 듯했습니다.

권력 구도의 급변

그러나 역사는 예기치 않은 방향으로 흘러갔습니다. 1544년 말, 재위 불과 8개월 만에 인종이 갑작스레 승하하고, 12세의 어린 명종이 즉위하게 됩니다. 문정왕후가 수렴청정을 맡게 되면서 정국의 주도권은 급격히 소윤 측으로 기울었습니다.

같은 파평 윤씨 가문 사람들이었지만 '대윤' 윤임은 인종의 외척이었고 '소윤' 윤원형은 명종의 외척으로, 외척 간의 다툼이면서 더 복잡한 정치적 구도의 산물이었습니다.

당시 예조참의였던 윤원형은 대윤 세력을 제거하기 위한 계략을 꾸몄습니다. 그는 지중추부사 정순명, 병조판서 이기, 호조판서 임백령, 공조판서 허자 등 자신의 심복들과 함께 치밀한 계략을 꾸몄습니다. 이들은 "윤임 일파가 어린 명종을 폐위하고 인종의 아들을 옹립하려 한다"고 모함했습니다. 물론 이는 사실무근이었으나, 문정왕후의 불안감을 자극하기에 충분했습니다.

을사사화의 참상과 영향

윤원형의 공격은 신속하고 무자비했습니다. 먼저 형조판서 윤임과 그의 측근인 이조판서 유인숙, 좌의정 유관 등을 반역 음모죄로 몰아 유배 보낸 뒤 처형했습니다. 이어 이 음모와 연루되었다는 명목으로 계림군을 제거했고, 명종의 이복형인 봉성군마저 왕위 찬탈을 꾀했다는 혐의로 처형했습니다.

　사화의 광풍은 여기서 그치지 않았습니다. 윤원형은 협박을 통해 무고자를 내세워 수많은 관리들을 죽음으로 몰아갔습니다. 사화의 여파는 6년이나 지속되었고, 적지 않은 사람들이 윤임 등을 찬양하였다는 등의 갖가지 죄명으로 유배되거나 목숨을 잃었습니다.

을사사화는 조선의 정치 문화에 장기적으로 악영향을 끼쳤습니다. 외척 세력의 전횡이 더욱 심해졌고, 정치적 논쟁이 극단적인 피해로 이어지는 악순환이 고착했습니다. 또한 사림 세력 내부의 분열도 심화되어, 후일 동서붕당의 토대가 되었습니다.

이 사건은 조선 전기 4대 사화_무오사화, 갑자사화, 기묘사화, 을사사화 중 마지막 사화로, 사림과 훈구 간의 갈등이 극에 달한 사건이었습니다. 외척 세력의 정치 개입이 극에 달했음을 보여주며, 이후 조선 후기 당쟁의 시발점이 되었습니다. 훈구 세력이 완전한 승리를 거두고 사림 세력의 정치적 기반이 붕괴된 것 같았지만, 후대 임금인 선조 때 역전되고 맙니다.

이순신의 탄생과 성장

이 암울했던 1545년은 또 다른 의미에서 희망의 씨앗이 뿌려진 해이기도 했습니다. 후일 임진왜란이라는 국가적 위기 상황에서 나라를 구한 위대한 영웅이 된 이순신이 한양의 건천동에서 4월 28일_음력 3월 8일_에 태어납니다.

이순신의 가문은 원래 문반 출신이지만 무과에 응시해 무반의 길을 택했습니다. 이순신의 할아버지 이백록은 중종 때 평시서 봉사를 지냈으나 1519년 조광조의 기묘사화에 연루되어 화를 입고 더 이상 관직에 나가지 않았습니다. 이순신의 아버지 이정 또한 벼슬에 나가지 않아 집안은 넉넉하지 않았습니다. 이런 이유로 이순신은 어린 시절에만 건천동에 머물렀고, 외가인 아산에서 소년기를 거칩니다.

이순신은 정읍 현감, 진도군수, 전라좌도 수군절도사 등을 역임했습니다. 특히 수군 지휘관으로서 그의 천재성은 임진왜란 당시 옥포, 당포, 한산도, 명량, 노량 등 수많은 해전에서 빛을 발했습니다. 임진왜란 당시 23전 23승의 무패 기록을 세우며 조선을 지켜낸 영웅이 되었습니다. 특히 이순신의 거북선은 나대용에 의해 철침이 설치되고 유황 공격이 가능하도록 개량해, 전선을 돌파하기 위한 돌격선으로 활약하며 큰 위력을 발휘했습니다.

전환의 기로에 선 1545년 을사년

1545년 을사년은 정치적 암흑기와 미래의 희망이 공존했던 시기였습니다. 을사사화가 보여준 정치적 갈등의 위험성과, 이순신의 탄생이 상징하는 작은 희망은 동전의 양면과도 같습니다. 을사사화와 이순신의 대비는 권력 투쟁에 몰두한 정치 세력들의 몰락과, 묵묵히 자신의 소임을 다한 이순신의 위대함을 겹쳐보게 만듭니다.

1605년:

돈키호테와 홍길동,
근대 문학의 여명

17세기 초반의 유럽은 중세에서 근대로 넘어가는 격동기였습니다. 종교개혁은 여전히 진행 중이었고, 새로운 과학적 발견들이 전통적 세계관을 흔들고 있었습니다. 1605년은 유럽 문명사에서 매우 중요한 전환점이 된 해였습니다. 이 해에 출간된 세르반테스의 『돈키호테』는 근대 문학의 시작을 알리는 신호탄이었으며, 같은 시기 프랑스의 국경도시 스트라스부르에는 크리스마스트리가 등장하여 새로운 문화적 전통이 시작되었습니다.

『돈키호테』와 근대 문학의 탄생

미구엘 데 세르반테스가 집필한 『돈키호테』는 문학사의 혁명이었습니다. 『돈키호테』는 기사도 소설을 탐독하다 현실과 환상을 구분하지 못하게 된 시골 귀족 '알론소 키하노'의 이야기로, 표면적으로는 중세 기사도 문학에 대한 패러디로 보입니다. 그러나 이 작품이 지닌 혁신은 본격적으로 인간 내면의 복잡성을 탐구했다는 점입니다.

주인공은 어떤 면에서는 미치광이지만, 다른 한편으로는 숭고한 이상을 추구하는 순수한 영혼의 소유자입니다. 그의 시종 산초 판사는 현실적이고 실용적이면서도, 동시에 순박한 충성심을 지닌 인물입니다. 이처럼 복잡하고 모순된 인간성을 그려낸 건 이전의 문학에서는 찾아보기 힘든 새로운 시도였습니다.

『돈키호테』는 현실과 이상의 괴리를 보여주는 작품으로, 현대를 살아가는 우리에게도 많은 시사점을 줍니다. 풍차를 거인으로 착각하여 공격하거나, 여관을 성으로 오인하고, 매춘부를 공주로 여기는 돈키호테의 모습은 인간이 이상과 현실 사이에서 괴리를 경험할 수 있는지를 잘 보여줍니다. 이 작품은 인간 존재의 본질적 모순과 희망에 대한 성찰을 담고 있습니다.

셰익스피어의 4대 비극 완성

같은 해, 영국에서는 대문호 셰익스피어의 작품 『리어 왕_King Lear』이 집필됩니다. 이 시기는 셰익스피어의 4대 비극이 완성되는 시기입니다. 햄릿은 1600년 경, 1603년 『오셀로_Othello』, 1606년 『맥베스_Macbeth』가 집필된 것으로 보고 있는데, 리어왕과 맥베스는 1605년 11월 5일 발생한 「화약음모사건」과 관련이 깊습니다.

「화약음모사건」은 가톨릭 신자들이 런던의 의회건물을 폭파해 국왕 제임스 1세와 귀족·성직자들을 제거하고 가톨릭 군주를 옹립하려 했던 사건입니다. 영국 전체를 충격에 빠뜨리는 한편, 가톨릭에 대한 탄압과 국가와 국왕에 대한 충성 서약을 강제하는 일이 벌어집니다. 이런 일들은 셰익스피어의 작품 속에서 왕권의 정당성, 국가 붕괴, 반역, 광기와 충성의 주제로 등장하며 오늘날까지 다양한 문학적 모티브가 되고 있습니다.

여기서 중요한 것은 셰익스피어와 세르반테스가 거의 같은 시기에 활동하며 인간 내면의 복잡성과, 현실과 환상의 경계에 대한 탐구라는 공통된 주제를 다루었다는 점입니다. 이는 17세기 초 유럽에서 일어나고 있던 지적 풍토의 변화를 반영합니다.

프랑스의 첫 크리스마스트리

같은 해 프랑스 스트라스부르에서는 유럽 최초의 공식적인 크리스마스트리가 장식되었습니다. 이는 종교적 상징의 세속화와 새로운 문화 전통의 시작을 의미합니다. 나무를 둘러싼 제의는 원래 게르만족 토착신앙에서 비롯된 풍습이었으나 기독교가 전래되며 새로운 전통으로 자리잡았습니다. 프랑스와 독일의 접경도시인 스트라스부르에 등장한 이후 점차 유럽 전역으로 퍼져나갔습니다.

크리스마스트리라는 새로운 전통은 종교개혁 이후의 새로운 종교문화를 상징합니다. 가톨릭의 성상 숭배를 비판하던 개신교 진영에서도 자연물인 전나무를 사용함으로써, 종교적 의미를 새로운 방식으로 표현했습니다. 중세에서 근대로 넘어가는 과정에서 종교가 문화로 어떻게 자리 잡아가는지 보여주는 사례로도 볼 수 있습니다.

임진왜란 이후 조선의 회복과
도쿠가와 막부의 등장

1605년, 동아시아는 또 다른 역사적 국면을 맞이하고 있었습니다. 조선은 임진왜란의 상처를 치유하는 과정에 있었고, 명나라는 만주의 여진족 세력이 점차 커지는 것을 경계하고 있었습니다. 일본에서는 도쿠가와 이에야스가 세키가하라 전투 승리 이후 새로운 막부 체제를 확립해 가는 중이었습니다.

조선에서는 이 시기에 허균의 『홍길동전』이 저술된 것으로 추정됩니다. 『홍길동전』은 최초의 한글 소설이라는 의의 외에도 신분제와 사회 비판, 새로운 이상 사회 건설 등을 통해 전통적 질서를 깨는 근대적 주체의식을 담았습니다. 『돈키호테』와 비슷한 시기 조선에서도 새로운 문학적 시도가 이루어졌음을 보여줍니다.

1605년에는 문학, 문화, 종교, 정치 등 여러 영역에서 중세에서 근대로의 전환이 본격화되는 시점이었습니다. 『돈키호테』가 보여준 새로운 인간 이해, 크리스마스트리로 상징되는 종교문화의 변용, 동아시아의 새로운 질서 형성 등은 모두 이러한 전환의 징후들이었습니다.

1665년:

흑사병이 불러온

과학혁명의 시대

17세기는 흔히 '과학혁명의 시대'로 불립니다. 이 시기에 인류의 자연에 대한 이해는 획기적으로 변화했습니다. 코페르니쿠스의 지동설을 시작으로, 케플러의 행성운동 법칙, 갈릴레이의 관성의 법칙 등이 차례로 발표되면서 중세의 우주관은 근본적인 도전을 받게 되었습니다. 1665년은 이러한 과학혁명이 절정에 달하던 시기였습니다.

젊은 시기 아이작 뉴턴은 케임브리지 대학에서 수학을 연구하던 중이었는데, 1665년 흑사병의 대유행으로 인해 고향인 울스소프_Woolsthorpe_로 돌아가게 됩니다. 이 '강제된 휴식'의 시기에 뉴턴은 후일 '만유인력의 법칙'으로 알려질 혁명적 아이디어의 단초를 발견하게 됩니다.

뉴턴의 '기적의 해_Annus Mirabilis'

흑사병을 피해 시골에서 보낸 18개월은 뉴턴에게 있어 놀라운 창조의 시기였습니다. 이 기간 동안 미적분학과 빛과 색채에 대한 연구를 시작했으며, 만유인력에 대한 기본 개념을 구상했습니다. 후일 뉴턴 스스로 이 시기를 회상하며 "나는 그 때 생각하는 데 있어 그 어느 때보다도 창조적이었다"라고 말했다고 합니다.

뉴턴의 일화 중 가장 유명한 '사과 이야기'도 바로 이 시기에 일어난 것으로 알려져 있습니다. 물론 사과가 실제로 뉴턴의 머리에 떨어졌는지는 확실하지 않습니다. 그러나 이 일화는 지상의 물체를 끌어당기는 힘과 달이 지구 주위를 도는 궤도 운동을 같은 원리로 설명할 수 있다는 뉴턴의 혁명적 통찰을 상징적으로 보여줍니다.

뉴턴의 업적은 단순한 과학적 발견을 넘어 인류의 세계관 자체를 변화시켰습니다. 그가 제시한 자연법칙은 우주가 수학적으로 이해될 수 있는 질서 체계라는 확신을 심어주었고, 이는 이후 계몽주의 시대의 이성 중심적 세계관 형성에 결정적 영향을 미쳤습니다.

대흑사병의 재래

1665년부터 1666년 사이 런던을 강타한 흑사병은 '런던 대역병_Great Plague of London'이라고 불렸습니다. 이는 14세기의 대흑사병 유행 이후 가장 큰 규모의 전염병이었습니다. 약 10만 명의 런던 시민들이 목숨을 잃었는데, 이는 당시 런던 인구의 약 4분의 1에 해당하는 수치였습니다. 흑사병을 피해 도시를 떠난 사람들로 인해 런던은 잠시 동안 유령도시가 되었습니다.

당시 의학은 아직 미생물의 존재나 전염병의 정확한 전파 경로를 알지 못했습니다. 의사들은 긴 가운과 가죽 장갑, 그리고 눈을 보호하는 안경까지 갖춘 특이한 '페스트 의사' 복장을 착용했습니다. 최근의 코로나19 대유행 시기에 이 역사적 방호복이 다시 주목받기도 했는데, 17세기 유럽인들의 질병에 대한 인식과 대응 방식을 보여 주는 역사적 유산입니다.

특히 이 시기 의사들이 사용했던 마스크는 지금으로 보면 기괴하게 느껴질 정도로, 긴 새 부리 모양을 했는데 공기 중의 독소를 걸러내는 일종의 필터 역할을 위해 만들어진 겁니다. 특히 부리 형태의 마스크 속에 향신료를 채워 넣는 것은 '나쁜 공기'를 막으려 한 시도였습니다. 이는 질병이 공기 중의 독기_瘴氣에 의해 전파된다고 믿었던 당시의 의학이 반영된 형태입니다.

청나라 성세강정_盛世康政과 조선 예송논쟁_禮訟論爭

같은 시기 동아시아에서도 큰 변화가 일어나고 있었습니다. 중국에서는 명나라가 멸망하고 청나라가 들어선 지 20여 년이 지났으며, 이 시기의 강희제는 청나라 통치를 안정화시킨 인물로 평가되고 있습니다. 청나라의 강희제, 옹정제, 건륭제

3대에 걸친 황금기를 '강건성세_康乾盛世'라고 불렀고, 이중 강희제의 치세를 따로 지칭할 때는 '성세강정_盛世康政'이라 표현할 정도였습니다.

조선에선 1689년 효종이 서거하고 현종이 즉위한 이후, 서인과 남인 사이의 예송논쟁_禮訟論爭_이 진행되던 때였습니다. 주목할 것은 조선의 학문적 성과입니다. 표면적으로 예송논쟁은 정치적 갈등이었지만, 내면적으로는 성리학에 대한 깊이 있는 토론을 촉발했고 이는 조선 성리학이 독자적 발전을 이루는 계기가 되었습니다.

과학혁명이 가져온 변화

1665년의 과학적 성과들은 단순한 지식의 증가를 넘어 인간의 세계관 자체를 변화시켰습니다. 우주의 운행을 수학적 법칙으로 설명할 수 있다는 생각은, 자연에 대한 인간의 태도를 근본적으로 바꾸어 놓았습니다. 또한 흑사병의 경험은 전통적인 의학 지식의 한계를 드러내며, 새로운 과학적 접근의 필요성을 일깨웠습니다.

과학혁명은 '이성의 시대'인 18세기 계몽주의의 토대가 되었습니다. 자연현상을 이성적으로 이해하고 설명할 수 있다는 확신은, 후일 사회와 정치 영역에도 적용되어 근대 사회의 형성에 큰 영향을 미치게 됩니다.

1725년:

동아시아 정치의

새로운 실험

영조의 즉위와 탕평의 시작

1725년 을사년은 영조 2년으로, 조선에서는 중대한 정치적 변화가 일어나고 있었습니다. 1724년 45세의 연령으로 즉위한 영조는 즉위교서를 통해 "편당을 없애고 인재를 고루 등용하겠다"는 의지를 밝혔습니다. 이는 노론과 소론의 당쟁이 극심했던 당시 상황 속에서 매우 중요한 의미를 가집니다.

영조가 직면한 정치적 현실은 매우 복잡했습니다. 영조는 노론의 지지를 받으며 즉위했지만, 소론 세력도 무시할 수 없었습니다. 더구나 왕세제 시절 신임사화_1721~1722_를 겪으며 당쟁의 폐해를 깊이 인식했기에 영조는 탕평책을 자신의 핵심적인 통치 이념으로 삼게 됩니다.

영조의 탕평책은 단순히 여러 당파를 골고루 등용하는 것을 넘어, 근본적으로 붕당정치의 폐해를 극복하고 왕권을 강화하려는 시도였습니다. 즉위 초기부터 노론과 소론의 대립을 조정하기 위해 노력했으며, 서원 정리, 속대전 편찬_1746, 균역법 시행_1750 등 여러 개혁 정책을 추진했습니다. 비록 완전한 성공을 거두지는 못했지만, 영조의 이러한 노력은 당쟁으로 인해 흔들리던 조선 정치의 안정화에 기여했습니다.

청나라 옹정제의 새로운 통치

같은 해, 청나라는 강희제의 뒤를 이은 옹정제가 즉위 3년을 맞이하고 있었습니다. 옹정제는 청나라의 다섯 번째 황제였지만 즉위 과정이 순탄치 않았습니다. 강희제는 생전에 후계자를 명확히 지명하지 않았고, 이로 인해 황위 계승을 둘러싼 긴장이 있었습니다.

옹정제는 즉위 후 강력한 중앙집권 정책을 펼쳤습니다. 군기처라는 새로운 비서기구를 설치_1729_하여 황제 직할의 행정체계를 만들었고, 한인 관료들에 대한 통제를 강화했습니다. 특히 주목할 만한 것은 실용주의적 접근이었습니다. 옹정제는 이념적 논쟁보다는 실질적인 통치 효율을 중시했고, 이는 청나라 전성기를 이끄는 기반이 되었습니다.

옹정제는 재위 13년 동안 부패 척결과 재정 개혁에 힘썼으며, 특히 세금 제도를 개혁하여 국가 재정을 튼튼히 했습니다. 또한 황위 계승 문제를 둘러싼 혼란을 방지하기 위해 자신의 후계자를 비밀리에 지정하는 '전지제도'를 도입했습니다. 이러한 개혁들은 이후 건륭제 시기 청나라가 전성기를 맞이하는 데 중요한 토대가 되었습니다.

동아시아를 찾아온 안정기

1725년은 동아시아 전체가 새로운 국면으로 접어드는 시기였습니다. 청나라는 강희제 시기의 안정을 바탕으로 더욱 강력한 제국으로 발전해 나갔고, 조선은 숙종대의 당쟁을 극복하고 새로운 정치질서를 모색했습니다. 일본의 경우, 도쿠가와 막부가 안정기에 접어들면서 독특한 쇄국체제를 유지하고 있었습니다.

이 시기는 실용주의 경향을 볼 수 있습니다. 이념적 대립이나 형이상학적 논쟁보다는 실질적인 통치와 민생 문제 해결이 중시되었습니다. 이는 동아시아 전통 사회가 새로운 도전에 대응하는 방식을 보여주는 중요한 사례입니다.

변화의 배경에는 17세기 후반부터 점차 심화된 사회경제적 변동이 있었습니다. 농업 생산력의 증가, 상품경제의 발달, 인구 증가 등이 전통 사회의 구조를 서서히 변화시키고 있었고, 이에 대응하기 위한 새로운 통치 방식이 필요했습니다. 영조와 옹정제의 정치는 시대의 변화에 따른 통치자들의 능동적 대응이었다고 볼 수 있습니다.

실학자 정약용의 탄생

1725년은 또한 조선 후기 실학을 대표하는 학자 정약용_丁若鏞_이 태어난 해이기도 합니다. 그의 본격적인 활동은 18세기 후반부터이지만, 그가 태어난 1725년은 변화의 을사년이라는 점에서 상징적인 의미를 가집니다. 정약용의 사상은 중국으로부터 수입된 성리학을 비판적으로 수용하고 조선의 현실에 맞게 재해석했다는 점에서, 동아시아 지성사의 새로운 흐름을 대표합니다. 정약용은 후일 『목민심서』, 『경세유표』 등을 저술하며 조선 사회를 이론적으로 뒷받침했습니다.

1785년:

달러의 탄생과

경제 질서의 변화

1785년은 미국이 영국으로부터 독립을 쟁취_1783_하고 2년이 지난 시점입니다. 신생 국가 미국은 정치적 독립을 이루었지만, 경제적 기반은 아직 불안정했습니다. 각 주가 독자적으로 발행하는 화폐들이 혼재하면서 경제 활동에 큰 혼란이 있었습니다. 통일된 화폐 제도가 없다는 건 심각한 문제였습니다. 1785년 미 연방의회는 획기적인 결정을 내립니다. 달러_Dollar_를 미국의 공식 화폐 단위로 채택한 것입니다. 이는 화폐 단위의 결정만이 아닌, 하나의 국가로서 경제적 통합을 이루려는 중요한 시도였습니다.

달러 제도의 혁신성

달러 제도의 특징은 십진법에 기초한 단순성에 있었습니다. 당시 유럽의 화폐들은 12진법, 20진법 등 복잡한 환산 체계를 가지고 있었습니다. 이와 달리, 미국의 달러는 100센트를 1달러로 하는 명확한 체계를 갖추었습니다. 이는 상거래를

용이하게 만들었을 뿐 아니라, 근대적 화폐 제도의 모범이 되었습니다.

특히 주목할 만한 것은 달러화가 채택된 방식입니다. 토마스 제퍼슨과 알렉산더 해밀턴으로 대표되는 초기 미국의 지도자들은 화폐 제도를 설계하면서, 실용성과 더불어 공화주의적 가치를 반영하고자 했습니다. 이는 훗날 달러 지폐에 새겨진 인물들의 선정에도 영향을 미치게 됩니다.

유럽의 경제적 변동

같은 시기 유럽에서는 산업혁명이 본격화되고 있었습니다. 특히 영국에서는 제임스 와트의 증기기관_1776_이 산업 현장에 널리 보급되기 시작했고, 이는 생산 방식의 혁명적 변화를 가져왔습니다. 프랑스에서는 중상주의 정책의 한계가 드러나면서 경제적 위기가 심화되고 있었는데, 이는 4년 후 프랑스 대혁명의 중요한 배경이 됩니다.

1776년 출간된 『국부론』의 영향으로 아담 스미스의 사상도 유럽 전역에 퍼지기 시작했습니다. 이에 따라 자유방임주의 경제 사상이 점차 힘을 얻어가고 있었습니다. 16세기부터 유럽을 지배했던 중상주의에 대한 도전이자, 새로운 경제 질서의 등장을 예고하는 것이었습니다.

아담 스미스의 '보이지 않는 손'이라는 개념은 "개인의 이기심이 결과적으로 사회 전체의 부를 증대시킨다"는 주장으로, 자유시장 경제의 이론적 기초가 되었습니다. 이는 정부의 개입을 최소화하고 개인의 경제적 자유를 최대화하는 자본주의 시장경제의 이론적 기반을 이루며 경제 사상을 전환시키는 계기가 되었습니다.

조선 정조의 개혁과 청나라 건륭제의 전성기

1785년의 조선은 정조가 즉위한 지 9년이 지난 시점이었습니다. 정조는 이 시기에 화성 축성

_1794~1796_을 준비하고 있었는데, 이는 단순한 건축 사업이 아닌 새로운 정치·경제 중심지를 건설하려는 시도였습니다. 특히 수원 화성의 건설 과정에서 도입된 새로운 기술과 관리 방식은, 조선의 경제적·기술적 역량이 상당한 수준에 이르렀음을 보여줍니다.

한편 청나라는 건륭제 치하에서 전성기를 구가하고 있었습니다. 특히 중국의 강남 지역을 중심으로 한 상품 경제 발달은 주목할 만합니다. 청나라는 중상주의 체제를 유지하고 있는 것처럼 보였지만, 실제로는 상당한 수준의 시장 경제가 발전하고 있었습니다.

그러나 조선이 겪은 1785년 을사년은 큰 시련의 해이기도 했습니다. 극심한 기근이 진행되고 있어 많은 백성들이 굶주림에 시달렸습니다. "전년도에 기근이 거듭 들고 지진이 일어나 창고가 텅텅 비었다"고 기록됐는데, 그로부터 1년이 지난 을사년임에도 상황이 나아지지 않았습니다. 그 고통이 너무 극심해 "을사년스럽다_후일 을씨년스럽다"라는 표현이 이때 나왔다는 견해도 있습니다.

세계 경제 질서의 변동

1785년은 세계 경제사의 중요한 전환점이었습니다. 미국의 달러화 채택, 산업혁명의 본격화, 자유주의 경제 사상의 확산은 모두 근대적 경제 질서의 형성을 예고하는 것이었습니다. 특히 주목할 만한 것은 이러한 변화들이 서로 밀접하게 연관되어 있었다는 점입니다. 새로운 화폐 제도, 생산 방식의 혁명, 경제 사상의 변화는 모두 전통적 경제 질서로부터의 탈피를 의미했습니다.

이런 변화는 단순한 경제적 현상을 넘어 정치, 사회, 문화 전반에 걸친 근대적 전환의 시작이었습니다. 산업혁명은 인류 역사상 처음으로 인간의 근력을 대체할 수 있는 동력을 제공함으로써, 생산력의 혁명적 증가를 가져왔습니다. 이는 이후 세계 인구의 폭발적 증가, 도시화, 중산층의 성장 등 근대 사회의 특징적 현상들을 가능하게 한 기반이 되었습니다.

경제적 변화는 또한 사회적 관계와 가치관의 변화를 수반했습니다. 전통적인 신분제가 약화되고, 부의 창출과 축적이 새로운 사회적 위계를 형성하는 기준이 되기 시작했습니다. 이는 이후 사회 구조의 근본적 변화를 예고하는 것이었으며, 전 세계적인 영향력을 가지게 될 자본주의 경제 체제의 형성 과정이었습니다.

1845년:

산업혁명, 발명과 혁신

1845년은 산업혁명이 절정에 달했던 시기입니다. 산업혁명의 상징인 증기기관은 이미 일상적인 동력원이 되었고, 증기기관을 이용한 철도가 유럽과 미국의 전역으로 뻗어나가고 있었습니다. 이밖에도 혁신적인 발명들이 인류의 생활양식 자체를 변화시키기 시작했습니다.

공장제 생산방식이 정착되면서, 도시화가 급속도로 진행되었습니다. 영국의 맨체스터, 리버풀처럼 수십 년 만에 작은 마을에서 거대 도시로 성장한 곳들이 등장했습니다. 빠른 변화가 새로운 사회문제를 낳았지만, 동시에 혁신의 동력이 되었습니다.

고무줄의 발명과 그 영향

주목할 만한 대표적인 발명 중 하나는 영국의 스티븐 페리가 1848년에 특허를 출원한 고무줄입니다. 지금 보면 별 거 아닌 듯해도, 고무줄의 발명은 산업과 일상생활의 혁신과 변화라는 측면에선 어마어마한 발명입니다. 고무줄은 단순히 물건을 묶는 용도를 넘어, 다양한 산업 분야에서 유연성과 탄력성이 필요한 곳에 활용되었습니다. 의류산업에서는 편안한 착용감을 제공하는 혁신이 되었고, 가정에서는 일상생활의 다양한 문제를 해결하는 도구가 되었습니다.

물론 이보다 앞선 1839년 찰스 굿이어가 발견한 고무 가황처리법이 없었다면, 고무줄의 실용화는 불가능했을 것입니다. 고무 가황처리법과 고무줄 발명은 과학적 발견과 산업적 응용이 긴밀하게 연결되기 시작한 시대적 특징을 보여주는 실례이며, 이처럼 작은 발명이 가져온 변화는 산업혁명 시대의 특징이기도 합니다.

근대 스포츠 문화의 태동

1845년에는 알렉산더 카트라이트가 현대 야구의 기초가 된 「니커보커 규칙_Knickerbocker」을 정리했습니다. 이로써 현대 야구의 서막이 열렸습니다. 이 규칙에 따른 최초의 공식 야구 경기는 1846년 6월 19일, 뉴저지 호보켄에서 뉴욕 나인과 크리켓 클럽 간의 경기로 전해지고 있습니다. 이후 스포츠는 계급과 인종을 초월하는 대중문화의 중요한 축으로 자리 잡았고, 매스미디어의 발달은 스포츠를 대중문화의 중요한 요소로 만들었습니다.

야구와 같은 근대 스포츠는 산업사회의 특징을 잘 반영합니다. 정확한 규칙, 시간 관리, 팀워크 등은 모두 산업사회가 요구하는 가치들과 일맥상통했습니다. 한편으로는 근대적 여가문화의 탄생을 알리는 내용입니다. 산업화로 인해 노동시간과 여가시간이 명확히 구분되기 시작했고, 이는 새로운 문화적 수요를 창출했습니다.

도시문화의 발달과 사회문제

산업화의 진전은 도시의 성격을 근본적으로 변화시켰습니다. 도시는 혁신의 중심지가 되었고, 새로운 사회계층의 등장을 촉진했습니다. 중산층의 성장은 교육과 문화에 대한 수요를 증가시켰고, 이는 다시 사회 발전의 동력이 되었습니다.

그러나 대규모 공장의 등장으로 농촌 인구가 도시로 몰려들었고, 이는 주거, 위생, 교육 등 다양한 사회문제를 야기했습니다. 1845년 프리드리히 엥겔스가 출판한 『영국 노동자 계급의 상태 _The Condition of the Working Class in England』는 이러한 문제를 적나라하게 보여주었습니다.

엥겔스의 저서는 당시 산업 도시의 열악한 환경을 생생하게 묘사하고 있습니다. 맨체스터와 같은 도시에서 노동자들은 비위생적인 환경에서 장시간 노동에 시달렸고, 이는 결핵과 같은 질병의 확산으로 이어졌습니다. 엥겔스의 문제의식은 후일 도시 계획, 공중보건, 노동법 등 다양한 사회 개혁의 기초가 되었습니다.

아편전쟁과 세도정치

1845년 당시 동아시아는 서구의 산업화와는 다른 길을 걷고 있었습니다. 이 시기는 동아시아는 산업화에 성공한 서구의 힘을 본격적으로 인식하던 때였습니다. 청나라는 아편전쟁 패배 후 불평등조약으로 쇠락기로 접어들고 있었습니다. 일본은 여전히 막부 체제를 유지하고 있었지만, 서구 세력의 개항 압박이 증가하고 있었습니다. 청나라의 아편전쟁 패배는 전통적 기술과 산업 체계의 한계를 드러냈고, 이는 후일 동아시아 각국의 근대화 정책에 큰 영향을 미치게 됩니다.

이 시기 조선은 헌종_1834-1849 때였고 안동 김씨와 풍양 조씨 등 외척세력이 권력을 장악한 세도정치의 전성기였습니다. 이 시기 삼정_전정, 군정, 환곡_

의 문란으로 백성들의 생활은 더욱 어려워졌고, 농민 저항이 전국 각지에서 발생했습니다. 정약용이 주장했던 개혁안들은 실현되지 못했고, 조선 사회는 변화의 기회를 놓치게 됩니다.

산업혁명의 사회적 영향

1845년 무렵의 산업혁명은 기술 발전을 넘어 사회 전체의 구조적 변화를 가져왔습니다. 이전까지의 과학은 이론적 탐구에 치중했지만, 이제는 실용적 문제 해결에 적극적으로 활용되기 시작했습니다. 이러한 변화는 교육 시스템에도 영향을 미쳤습니다. 과학과 기술 교육의 중요성이 강조되면서, 새로운 형태의 교육 기관들이 등장했습니다. 문맹률이 감소하고, 대중 교육이 확산되면서 사회 전반의 지적 수준이 향상되었습니다.

산업혁명은 또한 인간과 자연의 관계를 근본적으로 변화시켰습니다. 자연은 더 이상 경외의 대상이 아닌, 정복하고 활용할 대상으로 인식되기 시작했습니다. 이는 환경오염의 시작점으로도 평가됩니다. 역설적으로 자연 환경의 급속한 변화와 파괴를 가져왔지만, 동시에 자연 보호에 대한 의식이 싹트는 계기도 되었습니다.

1905년:
드리워진 제국주의의 그림자,
을사늑약

을사년 480년의 기록

1905년의 한반도를 둘러싼 국제 관계는 제국주의 열강들의 치열한 각축전 양상을 보였습니다. 러일 전쟁 이전에 일본은 이미 영국과 제1차 영일동맹 _1902_을 체결하여 러시아 견제에 대한 국제적 지지를 확보했습니다. 또한 일본과 미국은 1905년 7월 29일에 가쓰라-태프트 밀약을 통해 각자의 필리핀 지배권과 조선 지배권을 서로 인정했습니다.

강대국 간의 관계는 약소국의 운명이 강대국의 이해관계에 따라 좌우되는, 당시 국제질서의 비극적 현실을 보여줍니다. 조선과 미국은 1882년 조미수호통상조약을 체결하며 상호 위기 시 도움을 제공하기로 약속했으나, 가쓰라-태프트 밀약은 그러한 약속이 국제 정치의 현실 앞에서 얼마나 취약한 것인지를 드러냈습니다.

1904~1905년 러일전쟁의 결과는 서구 열강들에게 큰 충격을 주었습니다. 아시아 국가가 유럽

의 거대 제국을 상대로 승리를 거둔 것은 전례 없는 일이었기 때문입니다. 국제질서에서 인종적 위계가 무너지는 상징적 사건이었지만, 동시에 세계적으로 제국주의의 논리가 더욱 강화되는 계기가 되기도 했습니다. 러일전쟁을 끝내기 위해 1905년 9월 5일 체결된 포츠머스 강화조약은 한반도에 대한 일본의 지배권을 러시아가 인정하는 사건이었습니다.

을사늑약의 강제 체결

결국 1905년 11월 17일, 대한제국은 일본과 을사늑약_제2차 한일협약_을 체결합니다. 사실상 강제적인 조약이었습니다. 일본은 군대를 동원하여 고종황제와 대신들을 위협했고, 결국 조약은 황제의 서명도 없이 체결되었습니다.

을사늑약의 핵심은 대한제국의 외교권 박탈이었습니다. 제1조에서 "대한제국의 외교권을 일본

제국 외무성에 위탁한다"고 명시함으로써, 한국은 사실상 독립국가로서의 지위를 상실하게 되었습니다. 더불어 통감부 설치를 규정한 제3조는 일본이 한국의 내정까지 간섭할 수 있는 법적 근거가 되었습니다.

을사늑약을 체결한 대한제국의 대신들은 이완용, 이지용, 이근택, 권중현, 박제순 등 다섯 명이 있었는데, 이들은 훗날 '을사오적'이라 불리며 민족의 반역자로 역사에 기록되었습니다.

독도 편입 사건의 진상

을사늑약 체결보다 앞선 2월, 일본은 「시마네현 고시 제40호」를 통해 독도를 자국 영토로 편입한다고 일방적으로 선언했습니다. 이는 한국의 영토 주권을 침해하는 불법적인 조치였습니다. 물론 대한제국도 한반도에 대한 제국주의 열강들의 태도를 그대로 보고 있지 않았습니다. 1900년에 반포

한 「대한제국 칙령 제41호」를 통해 이미 독도가 한국 영토임을 공식화한 상태로, 일본의 고시는 심각한 국권침해 행위였습니다.

일본의 독도 편입 시도는 을사늑약 체결의 전조로도 볼 수 있습니다. 러일전쟁 중 일본은 독도를 군사적 요충지로 활용하면서, 독도를 자국 영토로 만들기 위한 계획을 세웠던 것입니다. 러시아의 남하를 견제하기 위한 전략적 요충지로서 독도의 가치를 일찍이 간파한 일본은, 러일전쟁 승리 이후에도 독도에 망루를 설치해 주변 해역을 감시했습니다.

군사적 목적 외에도, 당시 독도 주변 해역은 풍부한 어장으로 경제적 가치도 높았습니다. 이는 제국주의 침략의 단계별 전개를 보여주는 전형적인 사례입니다. 오늘날 독도는 대한민국의 실효적 지배를 받는 영토임이 분명하지만 여전히 한일관계의 중요한 쟁점으로 남아있습니다.

저항과 좌절, 그리고 희망

을사늑약에 대한 반발은 즉각적이고 강력했습니다. 고종황제는 조약의 무효를 선언했고, 민영환을 비롯한 많은 충신들이 자결로써 항거했습니다. 장지연의 '시일야방성대곡'은 이 시기 국민들의 분노와 좌절감을 잘 보여주는 글이었습니다.

저항은 단순한 자결이나 탄식에 그치지 않았습니다. 이 시기를 전후하여 항일의병운동이 전국적으로 확산되었고, 애국계몽운동도 활발히 전개되었습니다. 특히 교육과 산업 발전을 통해 국권 회복의 기반을 마련하려는 실력양성운동은 새로운 희망을 제시했습니다.

1909년 안중근 의사는 하얼빈에서 초대 조선 통감 이토 히로부미를 저격하는 의거를 일으켰는데, 이러한 항일 투쟁의 배경에는 을사늑약으로 인한 국권 상실이 있었습니다. 안중근은 재판 과정에서 "이토가 한국을 침략하고 동양 평화를 교

란했기 때문에 그를 처단했다"고 주장했으며, 옥
중에서 「동양평화론」을 저술하여 동아시아의 평화
적 공존을 위한 비전을 제시했습니다.

경부선 철도와 근대화의 모순

1905년은 경부선 철도가 완공된 해이기도 했습니
다. 경부선 철도는 1901년 착공하여 약 4년 3개
월의 공사 기간을 거쳐 완공되었습니다. 당시 이
철도는 "아침은 서울에서, 저녁은 부산에서"라는
슬로건으로 홍보되었지만, 실제로는 일본 상품의
조선 시장 진출과 조선의 쌀, 광물 자원을 일본
으로 수탈하는 통로로 기능했습니다.

이는 당시의 근대화가 가진 모순을 잘 보여줍
니다. 새로운 기술과 제도는 분명 발전의 가능성
을 내포하고 있었지만, 제국주의의 맥락에서 침략
과 수탈의 도구로 전락했기 때문입니다. 철도 부
설을 위해 조선인들의 땅이 강제로 수용되었고,

이 과정에서 많은 묘지와 가옥이 파괴되어 조선인들의 반발을 샀습니다.

을사늑약이 남긴 역사적 교훈

1905년 을사년은 한국 근현대사의 비극적 전환점이었습니다. 이 해의 경험은 독립국가의 주권이 얼마나 소중하며, 동시에 얼마나 취약할 수 있는지를 극명하게 보여주었습니다. 또한 근대화와 개혁이 자주적으로 이루어지지 못할 때, 그것이 외세의 도구로 변질될 수 있다는 교훈도 남겼습니다.

그러나 이 어두운 시기 속에서도 국민들의 저항과 희망은 끊이지 않았고, 이는 후일 독립운동의 밑거름이 되었습니다. 을사늑약 이후 전개된 다양한 형태의 항일운동은, 국가가 위기에 처했을 때 국민들이 어떻게 대응해야 하는지를 보여주는 소중한 유산입니다.

1905년 을사년은 민족적으로나 국가적으로 고통과 절망의 시간을 의미하지만, 동시에 역사의 굴곡 속에서 피어난 저항의 정신을 기억하게 하는 중요한 해입니다. 오늘날 많은 사람들이 "을씨년스럽다"라는 표현의 기원으로 이 시기를 떠올리는 이유도 여기에 있다고 봅니다.

1965년:

경제 발전과

역사적 문제 극복의 갈림길

한일협정의 역사적 배경

1965년의 한일기본조약 체결은 복잡한 역사적 맥락 속에서 이루어졌습니다. 해방 이후 20년 동안, 한국과 일본은 공식적인 외교관계를 맺지 못하고 있었습니다. 식민지 지배에 대한 배상 문제, 독도 영유권 문제, 재일교포의 법적 지위 문제 등 해결해야 할 과제가 산적해 있었기 때문입니다.

군사 쿠데타로 1961년 박정희 정권이 들어선 이후, 정부는 경제개발 자금 확보를 위해 한일회담을 적극적으로 추진했습니다. 미국 역시 냉전 체제 강화를 위해 한일 국교 정상화를 강력히 지원했습니다. 1952년부터 7차례나 이어진 한일회담이 결실이기도 합니다.

한일기본조약의 내용과 한계

6월 22일 체결된 한일기본조약은 표면적으로는 양국 관계의 새로운 출발을 알리는 것이었습니다. 일본은 대한민국을 한반도의 유일한 합법 정부로 인정했고, 1910년의 한일병합조약을 포함한 과거의 모든 조약이 무효임을 확인했습니다.

그러나 조약의 내용은 여러 가지 문제점을 안고 있었습니다. 가장 큰 쟁점은 식민지 지배에 대한 배상 문제였습니다. 일본이 제공하기로 한 8억 달러의 자금 중 3억 달러는 무상원조였지만, 나머지 5억 달러는 차관 형태였습니다. 더구나 이를 '경제협력자금'이라고 규정함으로써, 식민지 지배에 대한 법적 배상이라는 성격이 모호해졌습니다. 또한 정부는 피해자 보상보다는 산업화 기반 조성에 자금을 우선 사용해 지금까지도 논란이 되고 있습니다.

당시 국내에서는 이 조약에 대한 거센 반발이

이어졌습니다. 학생과 시민들은 '굴욕적 외교'라며 반대 시위를 벌였고, 일부 지식인들은 청구권 문제, 어업 문제, 문화재 반환 문제 등에서 한국 측이 너무 많은 양보를 했다고 비판했습니다. 그럼에도 불구하고 근대화 자금이 필요했던 한국 정부와 한국 진출을 원했던 일본, 그리고 동아시아에서 반공 동맹을 강화하려 했던 미국의 이해관계가 맞물려 조약이 성사되었습니다.

경인선 복선화와 산업화의 가속

같은 해에 이루어진 경인선 복선화 추진은 한국 산업화의 상징적인 사건이었습니다. 66년 만의 복선화로 철도 수송능력이 크게 향상되자, 이로 인해 서울과 인천을 잇는 산업회랑의 형성이 가속됐고 한국 경제발전의 중요한 기반이 되었습니다. 인천항을 통한 수출입이 증가했고, 경인공업지대가 본격적으로 발전하기 시작했습니다.

경인선은 1899년 서울에서 인천을 연결하는 한국 최초의 철도로, 역사적 의미가 큽니다. 복선화와 전철화 이후 수도권 인구의 주요 생활선이 되었습니다. 최근에는 경기도 연천까지 노선이 확장되었으며, 인천-경기-서울을 잇는 수도권의 중추적인 교통망으로 기능하고 있습니다. 1965년의 경인선 복선화 시작은 한국의 대중교통 인프라 발전의 시발점이면서, 한편으로는 한일협정을 통해 들어온 자금이 어떻게 활용되었는지 보여주는 대표 사례이기도 합니다.

베트남 파병과 국제정세

1965년은 한국군의 베트남 파병이 본격화된 해이기도 했습니다. 표면적으로는 자유진영의 일원으로서 공산주의에 대항하는 의미였지만, 실질적으로는 미국의 지원과 경제적 이익을 확보하기 위한 선택이었습니다.

을사년 480년의 기록

1966년 한국과 미국 사이에 체결된 브라운 각서는 베트남 파병의 경제적 대가를 명시했습니다. 미국은 한국군 파병에 대한 대가로 군사 원조를 증가시키고, 한국 기업들의 베트남 내 건설 사업 참여를 우선적으로 보장했습니다. 이는 한국의 경제 발전에 상당한 도움이 되었지만, 동시에 많은 한국 젊은이들의 희생을 요구하는 것이었습니다.

　　베트남 전쟁에는 약 30만 명이 넘는 한국군이 참전했으며, 초기에는 한국군도 미군과 마찬가지로 게릴라전에 능한 월맹군과 베트콩의 전술에 어려움을 겪었습니다. 그러나 한국전쟁에서 겪었던 중공군과의 전투 경험과 강한 반공정신은 한국군의 강한 전투력으로 발휘되었습니다. 전쟁은 남베트남의 패배로 끝났지만, 한국은 경제적 도약과 자주국방의 발판을 마련했습니다.

매스미디어의 성장과 대중문화

이 시기는 한국의 매스미디어가 본격적으로 성장하기 시작한 때이기도 했습니다. 텔레비전 방송이 확대되고, 영화산업이 호황을 누리는 등 대중문화의 새로운 전기를 맞이했습니다.

1965년 9월 22일 창간된 「중앙일보」는 한국의 주요 일간지로 자리 잡았습니다. 1930년대 일제 강점기에도 「조선중앙일보」라는 이름의 신문이 있었지만, 이는 현재의 「중앙일보」와는 전통을 달리하는 신문입니다. 「중앙일보」의 창간을 언급한 이유는 중앙일보가 신문 사업 외에도 방송국인 「TBC」를 개국했고, 1980년 신군부의 언론통폐합에 의해 방송 사업을 중단하게 되었다가 후일 지상파 종합편성채널 「JTBC」라는 이름으로 재개국하는 등 한국 언론사의 중요한 장면에 여러 번 등장하기 때문입니다.

과거 이런 일의 배후에 정부의 강력한 통제가

있었다는 점을 기억해야 합니다. 언론은 정부 정책을 홍보하는 수단으로 활용되었고, 대중문화 역시 검열을 통해 통제되었습니다. 이는 1960년대 한국 사회의 모순적 성격을 잘 보여주는 것이었습니다.

1965년 을사년의 역사적 의미

1965년 을사년은 한국 현대사의 중요한 전환점이었습니다. 한일관계 정상화와 경제개발의 가속화는 이후 한국 사회의 발전 방향을 결정짓는 중요한 계기가 되었습니다. 그러나 동시에 역사적 화해와 정의의 문제는 미해결 상태로 남겨졌고, 이는 오늘날까지 양국 관계의 갈등 요소로 작용하고 있습니다.

특히 위안부 문제와 강제징용 배상 문제는 한일관계의 핵심적인 쟁점으로 남아있습니다. 1965년 당시에는 이 문제들이 제대로 다루어지지 않았고, 피해자들은 1990년대까지 침묵 속에서 고통받아야 했습니다. 지금은 피해자 대부분이 고령으로 유명을 달리하고 있지만, 현재까지도 일본의 진정한 사과가 이루어지지 않게 만든 악순환의 고리가 되었기 때문입니다.

2025년:

새로운 을사년을 보내며_에필로그

지금까지 8번의 을사년을 돌아보며 한국과 세계의 역사적 변화를 살펴보았습니다. 1545년부터 1965년까지, 매 을사년은 중요한 전환점이었습니다. 을사년의 역사가 우리에게 주는 교훈은 무엇일까요? 아마도 위기와 기회가 공존하는 변화의 시기를 어떻게 현명하게 헤쳐 나갈 것인가에 대한 깊은 통찰일 것입니다.

2025년 을사년을 맞아 대한민국과 세계는 또다시 급격한 변화의 소용돌이에 놓여 있습니다. 국내에서는 정치적 격변이 일어나 헌정 사상 두 번째로 대통령 탄핵 인용이 이루어졌습니다. 2024년 12월 3일 비상계엄 선포로 촉발된 정치적 위기는 2025년 4월 4일 헌법재판소의 대통령 파면 결정으로 이어졌고, 6월 3일에 제21대 대통령 선거를 치르게 되었습니다.

국제 정세도 급변하고 있습니다. 미국에서는 도널드 트럼프가 47대 대통령으로 재집권한 후

과감한 통상 정책과 외교 노선의 변화를 추진하고 있습니다. 4월 초 전면적인 관세 부과와 보호무역 정책 강화는 글로벌 공급망을 흔들고 있으며, 미·러 관계 정상화와 우크라이나 사태에 대한 접근법 변화는 국제 안보 질서에 큰 영향을 미치고 있습니다. 또한 중동 정책과 유럽 및 나토 동맹국과의 관계 재설정은 기존의 국제 질서의 새로운 국면을 예고하고 있습니다.

여기에 파키스탄과 인도의 카슈미르 분쟁이 다시 불붙으며 세계는 전쟁의 위협을 다시 한 번 느끼고 있습니다.

공교롭게도 급변하는 국내외 정세는 과거 을사년의 패턴과 맥을 같이합니다. 위기와 기회, 붕괴와 재건, 종말과 시작이 공존하는 을사년의 특성이 2025년에도 뚜렷이 나타나고 있는 것입니다. 60년마다 돌아오는 을사년의 순환 속에서, 우리는 역사의 반복과 변화를 동시에 목격합니다. 역사는 계속 흐르고, 을사년은 또다시 돌아올 것입니다.

　과거 을사년의 경험을 통해 앞으로의 을사년도 현명하게 헤쳐나갈 수 있었으면 합니다. 그 시간 속에서 우리가 만들어갈 새로운 역사는 어떤 모습일지, 함께 고민하고 실천해 나가야 할 것입니다. 위기 속에서도 희망을 발견하고, 변화를 두려워하지 않으며, 미래를 위한 준비를 게을리하지 않는 자세가 필요합니다.

「손 안에 책」 소개

도서출판 「딥인사이트」는 개인의 통찰력을 공유하고 확장하는 플랫폼을 지향합니다. 저자와 독자의 지적 교류를 촉진하여, 새로운 아이디어의 탄생과 발전을 도모하고자 합니다. 이보다 더 생각을 넓혀 '국민 저자시대'라는 보다 적극적인 개념을 전하고 있습니다.

'국민 저자시대'라는 표현은 모든 이가 잠재적인 저자라는 믿음에서 출발합니다. 전문가뿐만 아니라 일반 시민들도 자신만의 경험과 통찰을 책으로 펴낼 수 있다는 의미입니다. 이를 통해 다양한 관점과 목소리가 출판이라는 행위를 통해 세상을 변화시켜 나갈 거라 기대하고 있습니다. 또 '국민 저자시대'라는 개념은 사회 각계각층의 목소리를 담아내고, 이를 통해 우리 사회가 직면한 복잡한 문제들에 대한 창의적인 해결책을 모색하고자 하는 미래 비전이기도 합니다. 이를 통해 대한민국 사회는 다양성을 존중하며, 서로 다른 관점이 공존하고 발전할 수 있는 지적 생태계로 한층 성숙할 것이라 보고 있습니다.

아울러 다양한 배경을 가진 개인들이 자신의 인사이

트를 다른 이들에게 효과적으로 전달할 수 있도록 저자 데뷔를 돕고자 합니다. 저술 경험이 없는 저자라 하더라도 테마선정-기획-집필의 과정을 함께하려 합니다. 저자의 성장환경을 조성하는 과정을 통해 장래 독자들에게 새로운 관점과 경험을 제공하게 하는 계기를 하나씩 만들어 갈 수 있으리라 믿습니다.

　「손 안에 책」은 '손 안에 건네는 책'이라는 발상에서 시작한 문고판 출판물로, 저자의 메시지를 독자에게 간결하게 전한다는 의도를 담았습니다. 이는 책을 단순한 지식의 저장소가 아닌, 새로운 아이디어의 출발점으로 보기 때문입니다. 뿐만 아니라 독서는 저자와 독자의 대화면서, 독자들끼리의 활발한 대화라고 보고 있습니다. 유무형의 '독후활동'에 더 많은 가치를 두고 생각한다면, 누군가의 손에 책을 건네는 행위야말로 가장 간결하면서도 강렬한 독후활동이 아닐까요? 한 손에 쏙 들어가는 크기의 소책자 형상을 하는 것도 누군가에게 쉽게 건네는 메시지가 되기 위함입니다.

　특히 독자가 저자로 성장하는 여정에서 누구보다 신뢰할 수 있는 동행이 되겠습니다. '국민 저자시대'의 주인공은 바로 여러분입니다.